Stano Dusík

VENEDIG

für Kinder

bohem press

Komm mit!

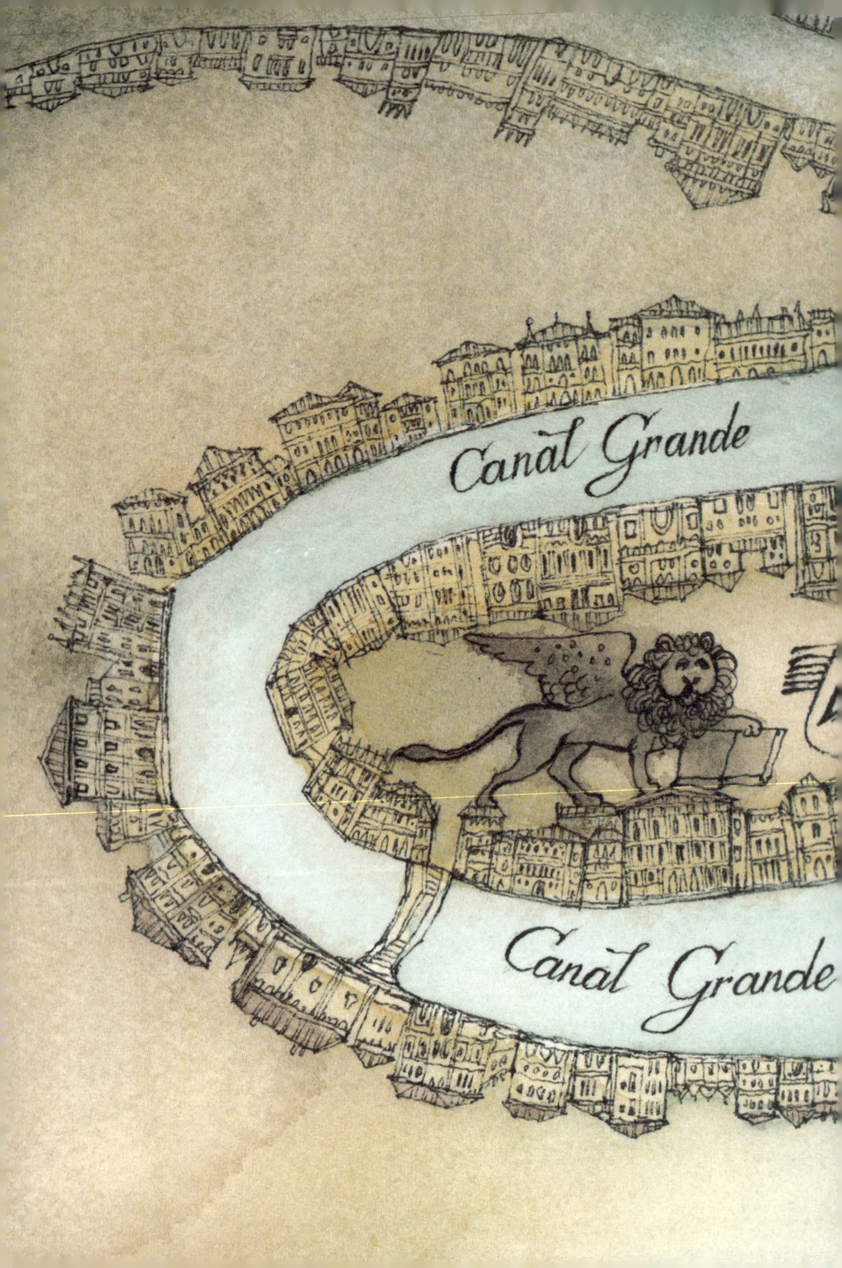
Canal Grande
Canal Grande

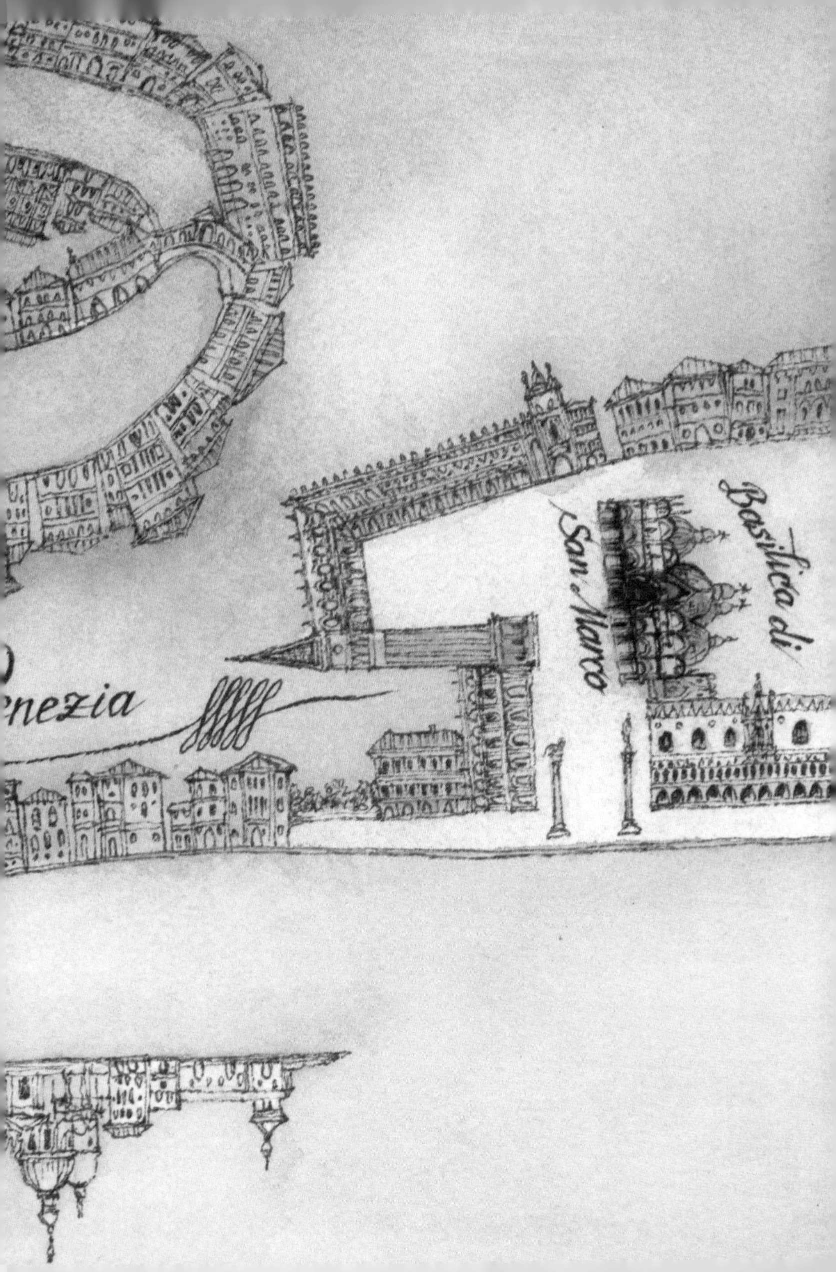
enezia
Basilica di
San Marco

Wenn du die Venedig Karte genau anschaust, sieht die Stadt fast wie ein Fisch aus! Versuche selber, sie zu zeichnen!

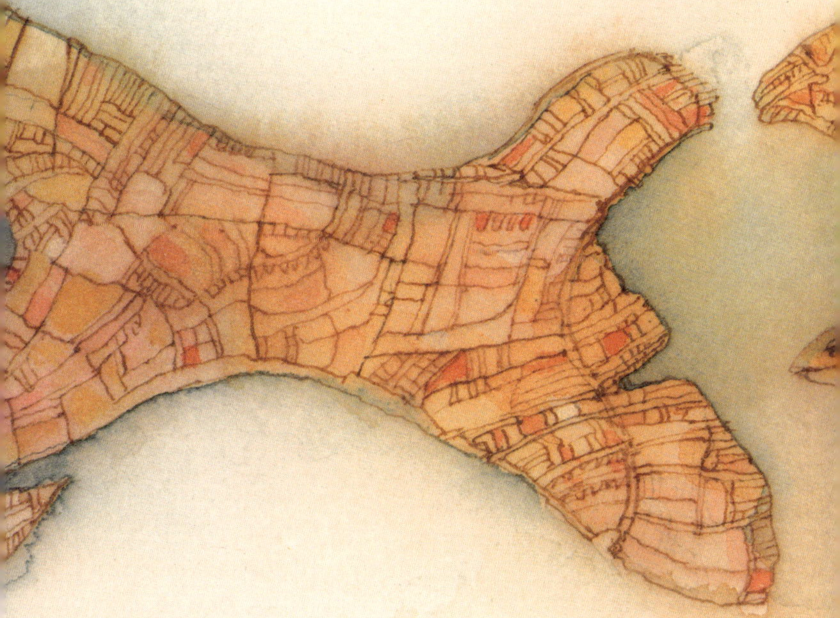

An der Karte vorne ist alles richtig eingezeichnet, obwohl die unzähligen Paläste und Kirchen keinen Platz haben!

Diese Kirche heißt **Santa Maria della Salute** und steht fast gegenüber dem Dogenpalast. Viele Künstler waren fasziniert von ihr und haben sie gemalt. Der bekannteste war **Canaletto**.

Hier sind wir mitten auf Venedigs Hauptkanal, dem **Canal Grande**, mit den schönsten Palästen, Kirchen und Hotels. Die schwarzen Gondeln sind die typischen Schiffe Venedigs.

Eine Fahrt mit der Gondel ist ein unvergessliches Ereignis.
Mit nur einem Ruder führt dich der **Gondoliere** durch die verschiedenen Kanäle.

Rialto ist die größte Brücke Venedigs und ein Handelszentrum. Auf der Brücke selber kannst du viele Andenken kaufen und gleich daneben befinden sich die wichtigsten Märkte Venedigs.

Diese Statue vor dem Dogenpalast direkt am Meer ist dem Löwen des Heiligen Markus gewidmet. Er ist das Wappentier der Stadt und der ganzen Region Veneto.

Die Basilika **San Marco** mit dem berühmten Mosaikboden gehört zu den schönsten der Welt, Und auf dem Platz warten Tausende von Tauben darauf, gefüttert zu werden.

Das ist die Spitze des Doms **San Marco**, des Stadtheiligen Markus. Diese byzantinische Kirche und der Platz davor ist das Zentrum Venedigs.

PAVIMENTO
DELLA DVCAL BASILICA
DI S. MARCO

Venedig ist auf unzähligen Pfählen erbaut. Diese sind eine schöne Dekoration, dienen aber vor allem den Schiffsleuten, die Schiffe zu befestigen.

Das ist der berühmte
Dogenpalast!
Vom Balkon herab
hat der Doge die Flotten
Venedigs verabschiedet.

Jährlich findet in Venedig der Karneval statt, zu welchem Leute aus der ganzen Welt strömen. Die Venezianer gehen dann in den typischen weißen Masken auf die Straßen, in alten Kostümen, die schon ihre Urgroßeltern getragen haben.

Im Dogenpalast gab
es auch ein Gericht.
Die Verurteilten
wurden von dort
über diese Brücke
direkt in das
Gefängnis geführt.
Deswegen heißt
sie **Seufzerbrücke**.
Auch Casanova
war hier gefangen.

Die Masken stammen aus der Pestzeit.
Die alten Venezianer glaubten, sich mit ihnen
vor der Krankheit schützen zu können.

Das Reiterdenkmal vor dem alten Spital ist von dem berühmten florentinischen Künstler Verocchio. Zu ihm gingen viele später ebenfalls berühmte Künstler in die Schule, auch Leonardo da Vinci! Es zeigt den tapferen venezianischen Kriegsherrn Bartolomeo Colleoni.

Es gibt unzählige romantische Winkel in Venedig! Deswegen fahren auch viele Verliebte hin!

In der Laguna von Venedig gibt es
viele Fische, verschiedenste Vögel
und manchmal auch sehr viel Nebel!

VENEDIG FÜR KINDER

MUSEEN

Palazzo Ducale
San Marco 1
Sehr interessant die Geheimgänge und das Gefängnis, aus dem Giacomo Casanova flüchtete.

Naturhistorisches Museum
Santa Croce 1730
Dinosaurier Saal mit der beeindruckenden Fossiliensammlung von Giancarlo Ligabue. Nicht zu vergessen das 5 Meter lange Aquarium, das mit 5000 Litern Meerwasser und Fischen aus der Lagune gefüllt ist. Führungen auf Vorbestellung.

Schifffahrtsmuseum
Campo San Biagio
Große Auswahl von Schiffsmodellen, teilweise auch in Naturgröße. Zahlreiche Schiffsflaggen, Modell der Staatsgaleere, Gemälde von Seeschlachten, Waffen, Uniformen und Seekarten.

Carlo Goldoni Haus
San Polo 2794
Ein Muss für Theaterliebhaber. Sehr schön die Marionettensammlung.

Peggy Guggenheim Museum
Wunderbare Sammlung der klassischen Moderne. Von der Dachterrasse ein Blick auf den Canal Grande, den man nicht so schnell vergisst.

Planetarium
Venezia Lido, Lungomare D'Annunzio
Ein komplizierter Projektor im Zentrum, rundherum die Sitze, über den Köpfen eine große Kuppel - eine sehr interessante Illusion!

ORTE ZUM NICHT VERPASSEN

Markusplatz
Das Zentrum Venedigs und zugleich der größte Platz. Weltberühmt die Mosaiken, der goldene Altar und die Böden in der Sankt Markuskirche. Auf dem Dach steht die «Quadriga»: vier Pferde, die eine bewegte Geschichte erzählen könnten.

Der Glockenturm von San Marco
Markusplatz
Spektakuläre Sicht über die ganze Stadt!

Der Glockenturm von San Giorgio Maggiore
San Giorgio Maggiore Insel
Wunderschöne Sicht der gesamten Lagune! Vergiss nicht eine Karte mitzunehmen, die dir hilft, die Inseln zu identifizieren!